POLITIQUE

EN CHEMIN DE FER

DE LAUSANNE A DIJON

PAR

CHARLES CLERC

PARIS

A. GHIO, LIBRAIRE-ÉDITEUR

41, QUAI DES GRANDS—AUGUSTINS, 41

—

1872

Tous droits réservés.

POLITIQUE

EN CHEMIN DE FER

POLITIQUE

EN CHEMIN DE FER

———

DE LAUSANNE A DIJON

PAR

CHARLES CLERC

PARIS

A. GHIO, LIBRAIRE-ÉDITEUR

41, QUAI DES GRANDS-AUGUSTINS, 41

———

1872

Tous droits réservés.

Le train nº 59, qui fait le trajet entre Lausanne et Neuchâtel, allait quitter cette première ville. Une trentaine de voyageurs, arrivés par le train nº 7 qui vient de Genève, avaient déjà pris place dans les voitures ; quant à ceux de Lausanne même, ils attendaient dans les salles qu'on vint leur ouvrir.

Des trente personnes environ que l'on apercevait en wagon, les trois quarts étaient en seconde classe et le reste en première. Il n'y avait pas de troisième.

Parmi celles qui occupaient les voitures de seconde, on remarquait un homme de quarante-cinq à cinquante-cinq ans, replet, rosé, joufflu, obèse, complètement rasé et dont l'aspect, grâce à la circonférence parfaite de la face, eût fait croire à une dose raisonnable d'*obtusité*, sans une certaine patte d'oie provenant d'un certain clignement d'yeux qui décelait de la finesse occulte, sinon de la ruse ; d'ailleurs, l'air ouvert, communicatif et presque jovial. Il était vêtu de drap noir, sauf le gilet qui était de velours moucheté couleur verdâtre. Une grosse chaîne en or pendait lourdement sur ce gilet.

Placé au fond du compartiment, il considérait avec une admiration évidente, quoique souvent distraite, le splendide coup d'œil dont on jouit de cet endroit. Il avait baissé la glace du milieu pour mieux voir, et, de temps en temps, il sortait la tête hors du wagon, puis la rentrait et jetait du coté de la gare un regard qui disait clairement : — C'est fort beau, mais je voudrais bien m'en aller.

Il y a dans l'harmonie à la fois majestueuse et suave qui fait le charme particulier des abords du Léman, un secret qu'il faut chercher dans l'effet du lac lui même. Retirez le lac : vous avez une belle chambre sans glace, c'est-à-dire quelque chose d'âpre et de dur qui ne caresse plus le regard. De Villeneuve à Bex, la vue est certainement admirable, car qu'y a-t-il de plus imposant que la dent du Midi et la dent de Morcles, de plus pittoresque que le Val d'Illiez et le Val des Ormonts, de plus romantique que la situation d'Aigle et d'Ollon ? Cependant, quelle différence entre l'impression que produisent ces sites et l'impression que l'on ressent à Vevey ou à Lausanne ! Prolongez maintenant le Léman jusqu'à Bex, faites baigner dans ses eaux la vieille tour de St-Triphon, les vignes d'Yvorne, et la gorge de St-Maurice : aussitôt tout change. Les ombres sévères des montagnes s'amolissent, les tons blafards des rochers se colorent, la sombre tache des bois s'éclaircit, l'aride symétrie de la plaine disparaît. Tout cela se fond, s'harmonise, se lie et produit ce rhythme indéfinissable de grandeur et de douceur qui transporte l'âme et la repose, qui donne la contemplation paresseuse, l'extase et la rêverie sans fin.

Et le secret de ce prestige de l'eau, où réside-t-il ? Evidemment dans la transparence de ce fluide et dans le reflet dont il a la propriété. Le reflet exerce un charme mystérieux qui ne provient pas seulement de la suavité donnée à l'objet réfléchi, mais qui est le résultat d'une cause qu'on pourrait appeler morale et qui engendre un effet moral. Nous aimons le reflet, parce que c'est l'illimité et que le limité nous répugne. Nous avons besoin du reflet, parce que nous avons besoin de l'infini et que c'en est une image. Le corps se reflète dans l'eau, comme l'esprit dans la pensée, le présent dans l'avenir, la vie dans l'éternité. Le reflet, c'est l'espérance.

Ce jour là, le temps était superbe. Pas un nuage; rien que l'azur profond du ciel et des flots de lumière. Cependant, l'air était humide et il s'en suivait un rapprochement apparent de la Savoie et des Alpes qui permettait d'en saisir les contours principaux et les teintes diverses. Les flancs nus de la Dent d'Oche, les plaques de neige qui restaient au sommet, les roches de Meillerie, les coteaux boisés de Tourronde, les châtaigniers d'Evian, le lit sablonneux de la Dranse, se détachaient avec netteté sur le vaste panorama. Le Léman calme, limpide et uni, debout, semblable à un immense miroir, rentré par les promontoires de la rive savoisienne, enfoncé dans les baies, avait là comme un cadre dentelé autour duquel se drapait noblement l'ample rideau des montagnes. Les barques mélancoliques, avec leurs voiles blanches, pareilles à des ailes déployées, voguaient si lentement sur l'onde tranquille, que leurs silhouettes fondues dans le lointain paraissaient immobiles, tandis que le Winkelried, cinglant à toute vapeur vers Genève, laissait derrière lui un épais nuage de fumée et un long sillage étincelant aux rayons du soleil. Les luxuriantes prairies et les maisons de plaisance qui se trouvent au dessous de Lausanne, Ouchy avec sa tour carrée, son cimetière planté d'ifs et sa petite église solitaire, Cour avec son tertre conique, formaient le premier plan de ce tableau merveilleux.

Le personnage esquissé ci-dessus fut tiré de sa comtemplation par un brusque mouvement qui se produisit dans la gare. Les employés ouvraient les portes des salles d'attente et les voyageurs faisaient irruption sur le quai. En somme, il n'y avait pas grand monde, car le train n° 59 servait peu aux habitants du pays qui accoutumés à la simplicité et aimant l'économie, se contentaient, pour la plupart, des voitures de troisième classe Il n'y avait guère là que des voyageurs à long trajet, quelques aristos, comme on dit en Suisse, ou des gens très-pressés.

Aussi l'individu en question n'eut-il pas à se plaindre d'une trop nombreuse compagnie : deux personnes seulement, deux hommes, montèrent dans son compartiment. L'un d'eux, coiffé d'une casquette, muni d'une petite valise, d'un tartan et d'un petit sac anglais pendu en bandouillière, semblait rompu aux voyages en chemin de fer. Il prit immédiatement un des angles et s'y installa avec la célérité et la dextérité que donnent l'habitude. L'autre, aux allures plus gauches et plus lourdes, chercha pendant un moment où il mettrait son sac de nuit, objet volumineux et pesant, puis ayant fini par le caser sur un des porte-manteaux disposés à cet effet, il s'assit en face du personnage obèse et se mit à fouiller dans toutes ses poches. Il en sortit successivement son porte-monnaie, son portefeuille, et un autre carnet dont il examina l'intérieur comme quelqu'un qui craint d'avoir oublié quelque chose. Cela fait, il se moucha et se glissa jusqu'à l'autre bout de la banquette, mais en laissant son chapeau à sa place pour indiquer qu'il allait y revenir. En ce moment on entendit retentir la clochette qui donnait le signal du départ; le coup de sifflet de la locomotive suivit presque aussitôt et le train se mit en marche.

L'homme au sac de nuit paraissait ému. Il regardait avec attention de l'autre côté de la voie. A l'instant où l'on traversa le deuxième pont qui se trouve à une centaine de mètres de la gare, il sortit son bras hors du wagon et agita vivement son mouchoir de poche.

Le voyageur à la casquette vit alors, en bas, dans le chemin qui conduit aux Epinettes et à Cour, une femme et deux enfants (un petit garçon et une petite fille) qui envoyaient des baisers. Le train passa rapidement. La gare et l'hotel des Alpes s'éloignèrent. Le nouveau venu fut reprendre sa place à l'autre extrémité du compartiment en essuyant une larme qu'il n'avait pu maîtriser.

On arriva au dessus de la Caroline, d'où l'on a encore une belle échappée sur la Côte, Thonon et Genève, puis l'on s'engagea dans la tranchée qui coupe l'ancienne route de Morges, et les Alpes et le lac : tout disparut.

Aussitôt installé dans son coin, le voyageur à la casquette avait tiré un livre de sa valise et s'était mis à lire sans s'occuper de ses compagnons. L'homme au gilet de velours, au contraire, avait suivi tous les mouvements de son vis-à-vis, non précisément avec curiosité, mais avec l'air de quelqu'un qui a grande envie d'entrer en conversation. Dès qu'il vit l'autre revenu à sa place et à peu près disposé à écouter, il lui dit :

— Quel beau pays que la Suisse, Monsieur ! j'en avais bien entendu parler ; mais, ma foi, je ne me figurais point que c'était comme cela.

— Oui, répondit l'autre, c'est très-beau, surtout pour les étrangers, car, pour nous qui y sommes habitués, ça devient parfois un peu monotone.

Lors même que, dans ce début, les paroles n'eussent pas dénoté que l'un des interlocuteurs n'était pas Suisse et que l'autre l'était, le ton dont elles furent prononcées l'eût seul appris, car, autant l'accent du premier était empreint de la volubilité française, autant la prononciation du dernier avait cette allure traînarde, propre aux gens du canton de Vaud.

Au physique, ces deux hommes n'étaient pas moins les antipodes. Le Suisse, assez fortement charpenté, était maigre et osseux ; il portait toute sa barbe et son visage allongé paraissait pâle à côté de celui du Français qui reprit :

— Ce n'est point seulement à cause des montagnes et des lacs que je vous dis cela, Monsieur ; c'est à cause du pays lui-même. J'ai vu ici des villages comme il n'y en a point chez nous. Et des arbres fruitiers ! Et des herbages ! Dieu dè Dieu ! Quels beaux herbages, Monsieur !

— En fait de paturages, vous ne devez pas nous envier grand chose, répliqua le Suisse, car vous avez la Normandie qui, d'après la renommée, ne le cède à rien sous ce rapport.... Je crois du moins ne pas me tromper en vous parlant comme à un Français, ajouta le Vaudois.

— Parfaitement, Monsieur, parfaitement, dit l'autre. je suis de la Côte-d'Or. Vous connaissez sans doute.

— Géographiquement, oui ; mais je n'y suis pas encore allé.

— Ah ! très bien. C'est comme moi pour la Normandie dont vous parliez tout à l'heure. J'ai bien entendu dire qu'il y avait de beaux herbages, mais je n'ai jamais vu ce pays.

Puis après un silence :

— Ah ! vous êtes bien plus heureux que nous, en Suisse ; plus tranquilles du moins. Vous n'avez point la révolution, la guerre et tout le tremblement. Dieu de Dieu ! Quelle année ! Monsieur, quelle année !

— Sur ce point, repartit le Vaudois, j'avoue qu'il n'en est pas comme des paturages et que vous avez, en effet, quelque chose à nous envier ; mais il ne tient qu'aux Français d'avoir, à cet égard aussi, leur Normandie.

— Plaît-il ?

— Je dis qu'il ne tient qu'à vous autres Français d'être aussi tranquilles que nous.

L'homme obèse eut un petit air incrédule.

— Hum ! fit-il, ça me paraît difficile, Monsieur.

— Pourquoi donc ?

— Parce que ce n'est pas dans notre caractère.

— Dites plutôt que ce n'est pas dans vos institutions, car les institutions font le caractère ; mais ayez-en comme les nôtres et vous n'aurez plus de guerres civiles. Quant aux guerres étrangères, vous ne pourrez pas toujours les éviter, attendu qu'une grande nation ne saurait agir à cet égard comme une petite, seulement vous serez à l'abri de désastres tels que ceux que la France vient d'éprouver.

— Dame ! vous avez peut-être raison, Monsieur, et j'ai entendu bien des gens chez nous qui ont tout à fait vos idées ; mais il y en a d'autres qui disent que ce n'est point possible. Pour moi, ça m'est égal ; tout ce que je demande, c'est que mes affaires marchent et qu'on me fiche la paix.

— Oui, mais pour que vos affaires marchent et que vous ayez la tranquillité, il faut que la société française soit organisée en conséquence ; or, qui l'organisera si ce n'est les Français ?

— Mais, Monsieur, je ne suis point les Français, moi -

— Non, mais vous êtes un Français, et si tous vos compatriotes parlaient comme vous, qui est-ce qui s'occuperait de la chose publique ?

— Permettez, Monsieur, je ne suis point le gouvernement. Je suis un simple particulier ; je ne puis rien faire seul.

— Vous pouvez voter, en tous cas.

— Ah ! ça, oui.

— Aux élections pour la représentation nationale, vous pouvez voter pour un candidat républicain, c'est-à-dire pour un homme qui voudrait voir la France gouvernée comme la Suisse, par conséquent tranquille et heureuse comme la Suisse.

— Parfaitement.

— Supposez que le plus grand nombre des électeurs agissent comme vous, il y aura donc à l'Assemblée une majorité républicaine.

— C'est clair.

— Et cette majorité républicaine, que fera-t-elle ? Elle donnera à la France des institutions comme celles de la Suisse.

— Je comprends tout cela.

— Quand je parle d'institutions comme les nôtres, il ne faut pas prendre ces termes à la lettre, car, je n'entends pas dire que vous vous constituiez absolument comme nous et que vous divisiez la France pour en former une fédération de petits Etats, ce qui serait à étudier à part. Non, je me sers de ces expressions, sans y attacher d'autre idée que celle du mot *république*.

Le Français fit un signe d'assentiment.

— Mais, reprit le Suisse, pour que vous votiez pour ce candidat, il faut que vous soyez persuadé des avantages de la république; il faut que vous n'ayez aucun doute sur le bien qu'elle ferait à votre pays; il faut, surtout, que vous soyez convaincu de la possibilité d'acclimater ce régime en France.

— Voilà justement.

— Voulez-vous que j'essaie de vous démontrer ces différentes choses ?

— Avec plaisir, Monsieur. Je vous dirai même que je vous en serai obligé, car en chemin de fer on ne sait que faire. Moi, d'abord, j'aime à causer, ajouta-t-il en riant, j'aime à causer. Seulement, allez-vous loin, Monsieur ?

— Je vais à Paris.

— Oh ! alors, parfait, Monsieur, parfait; nous ne nous quitterons qu'à Auxonne... Quel est donc ce *pays*, s'il vous plait?

— Cette petite ville là haut? C'est Cossonay.

— Tiens! j'ai un ami qui porte ce nom. Il habite Lyon, où il fait le commerce de vin. Bon garçon, excellent garçon, mais, Dieu de Dieu! Quel gredin! Un jour, figurez-vous, Monsieur.... Accepteriez-vous un cigare? interrompit-il en sortant de sa poche quelques grandsons qu'il présenta au Vaudois.

— Merci, répondit celui-ci. Je ne fume pas.

— Voilà qui est drôle. On dit pourtant chez nous: fumeur comme un Suisse. Enfin, chacun son goût. Ce sont des cigares d'ici, très bons, ma foi, et point chers.

Il se mit en devoir d'en allumer un, puis il se ravisa:

— La fumée vous incommode peut-être?

— Du tout, fit l'autre.

Après avoir mis le feu au grandson, il se renversa en arrière et reprit:

— A propos, où en étions-nous donc? Nous parlions politique, je crois.

— En effet, mais si cela vous ennuie...

Comment donc, Monsieur, au contraire. Si je me rappelle bien, nous disions... Que diable disions-nous donc?

— Que pour voter pour un candidat républicain, il fallait être pénétré des avantages de la république.

— C'est cela.

— Et je vous proposais d'énumérer ces avantages.

— Précisément. Vous voyez, Monsieur, que j'ai bonne mémoire.

Le Suisse ne sourcilla pas.

— Pour commencer, dit-il, je vous demanderai si vous pensez qu'en principe la république soit la meilleure forme de gouvernement possible.

— Heu! Heu! C'est selon.

— Comprenez-moi bien. La république est-elle la meilleure forme de gouvernement en théorie, en paroles si vous aimez mieux ? Quant à la pratique, nous l'examinerons plus tard.

— C'est là le hic. Les uns disent oui, les autres non. En France, voyez-vous, on ne sait qui entendre et qui croire.

— Vous avez cependant un moyen de sortir d'embarras.

— Lequel, Monsieur?

— C'est de n'écouter que ceux qui n'ont aucun intérêt à vous parler comme ils le font et de vous méfier de tous ceux qui peuvent y gagner quelque chose.

— Le moyen n'est pas mauvais.

— On est ouvertement divisé quand il s'agit de l'application ; mais j'ai idée qu'en secret on est tous d'accord, ou peu s'en faut, sur le principe.

— Peut-être bien.

— Comment voulez-vous qu'il en soit autrement ? Est-ce qu'il y a un gouvernement plus simple, plus logique, plus naturel que celui de la république ? Un peuple nomme des représentants choisis parmi les hommes les plus capables et les plus estimables et les charge de gérer à sa place les affaires du pays. Une fois investis de ce mandat, ces représentants s'assemblent et font des lois qui règlent la marche de l'administration publique, les rapports des citoyens entr'eux, etc.; puis ils nomment un deuxième corps, ou si vous préférez, une deuxième assemblée, qui a pour mission de faire exécuter ces lois. (Quelquefois ce deuxième corps est nommé, comme le premier, directement par le peuple.) Elus pour un temps déterminé, ces représentants ou députés sont remplacés ou renouvelés au bout de ce temps, à moins qu'ils ne soient révoqués auparavant, ce qui arrive quand ils n'agissent pas comme l'entend le peuple. Tel est, en deux mots, dans toute sa simplicité primitive, le mécanisme du système républicain.

— Mais, objecta le Français qui avait écouté avec une certaine attention, ne serait-il pas encore bien plus simple que ceux qui font les lois les appliquent eux-mêmes ? A quoi bon ce deuxième corps ?

— Au premier abord, cela paraît ainsi, mais, en examinant la chose de plus près, on y trouve des inconvénients graves. Vous avez lu le *Contrat social*?

— Non, Monsieur, non.

— Alors je n'entrerai pas dans des explications qui seraient diffuses et peut-être peu claires. Je dirai seulement que puisqu'en Amérique et en Suisse, par exemple, ces deux corps existent, c'est que l'on ne peut guère se passer du second. Du reste, la liberté des citoyens n'en est en rien altérée.

Rousseau appelle cette forme de gouvernement *Aristocratie*, parce que les hommes au pouvoir sont triés dans le peuple et forment ainsi une minorité d'élite. Et il appelle *Démocratie* un pays où tous les citoyens, capables de le faire, s'occuperaient de la chose publique; mais il ajoute que la véritable démocratie n'a jamais existé et n'existera jamais, par la bonne raison qu'on ne peut imaginer tout un peuple constamment assemblé pour vaquer aux affaires de l'Etat. Que deviendraient l'agriculture, l'industrie, le commerce et tout ce qui constitue le travail d'une nation ?

Donc, dans les pays les plus libres d'aujourd'hui, le gouvernement est, en somme, aristocratique, et vous voyez qu'au besoin ce terme horripilant de démocratie peut être biffé pour satisfaire ceux qui se paient de mots.

Considérez sommairement les premiers avantages d'un pareil système de gouvernement. D'abord le peuple reste son propre maître. Il veut, il commande, il nomme, il révoque à son gré. Il ne dépend de rien, il n'est à la merci de personne. Ensuite, il est fort, non seulement comme nation, nous y reviendrons tout à l'heure, mais comme peuple, comme individu, car l'exercice fortifie et l'exercice est la conséquence de la liberté. Nulle part on n'a vu des tempéraments plus vigoureux, des carac. tères mieux trempés que sous la république romaine. Enfin, le peuple est prospère, car il a peu d'impôts à payer parce que l'Etat a peu de charges, et il est à l'abri des révolutions, car contre qui se révolterait-il puisqu'il est le maître? Quand on est tout puissant on n'a pas besoin d'être méchant: c'est pourquoi Dieu est tout bon.

Avant de mettre en regard de ces avantages les inconvénients de la monarchie, donnons une définition de ce mot.

Je ne veux pas vous entretenir de l'ancien principe monarchique ; de celui d'après lequel un homme était, *de droit,* le maître et, en quelque sorte, le propriétaire de vingt millions d'autres hommes, faisait des lois à sa guise et disait insolemment : *l'Etat c'est moi.* Cet ordre de choses a pris fin et je m'escrimerais là contre une ombre. Non, parlons de la monarchie telle qu'elle existe aujourd'hui.

Je viens de vous dire qu'en république il y a deux assemblées, dont l'une fait des lois au nom du peuple et dont l'autre applique ces lois. L'une s'appelle le corps législatif ou le pouvoir législatif, ou, si vous voulez, l'assemblée nationale ; l'autre se nomme le pouvoir exécutif. Vous comprenez facilement que cette deuxième assemblée n'est pas autre chose que l'humble servante de l'autre, et que la puissance exécutive doit obéir aux volontés de la puissance législative qui est le peuple lui-même. Or, concevez-vous comment il est possible que cette servante devienne la maîtresse, comment le pouvoir exécutif peut en venir à commander au pouvoir législatif? Non. Eh bien, c'est pourtant ce qui arrive en monarchie.

Un roi, aujourd'hui, c'est le pouvoir exécutif du roy_
aume. En quoi diffère-t-il du pouvoir exécutif de la république ? Le voici :

Premièrement, un monarque représente à lui seul le
pouvoir exécutif, tandis qu'en république ce corps
se compose de plusieurs personnes. Ainsi aux États-
Unis, le président de la république ne peut rien déci-
der d'important sans l'approbation du Sénat. Donc,
dans cette grande patrie de la liberté, le véritable dépositaire de la puissance exécutive n'est pas un homme,
mais une assemblée.

En second lieu, tandis que le pouvoir exécutif d'une
république est renouvelable au bout d'un temps déterminé, en monarchie ce pouvoir est non seulement laissé
entre les mains du monarque pendant toute sa vie, mais
il est héréditaire dans sa famille. On a imaginé ce dernier moyen pour empêcher les lacunes dangereuses qui
se produiraient nécessairement à la mort de chaque
prince règnant.

Les conséquences de ces privilèges accordés au pouvoir exécutif de la monarchie, c'est-à-dire au monarque,
seraient trop longues à énumérer : je me bornerai à
indiquer les principales.

Il semble, à première vue, qu'en ce qui touche la
question d'unité, la différence n'est pas extrêmement
grave, puisque le monarque, aujourd'hui, quoique seul
dépositaire de la puissance exécutive, ne peut l'exercer
que conformément aux lois. Mais que d'abus et d'irré-
gularités se glissent aussitôt ! Il y a des lois, c'est vrai,
mais qu'il est facile à un homme de les éluder quand
rien ne contrôle ses actes ! Quelle élasticité offre leur
application ! Et ces lois elles-mêmes, que deviennent-
elles ? C'est ici que commencent les effets funestes de
cette prérogative du pouvoir à vie et héréditaire impru-
demment concédée au monarque.

Dans une république, où plusieurs personnes sont dépositaires de la puissance exécutive pour un temps limité et très-court, il n'est pas possible aux intrigants et aux ambitieux de spéculer sur l'autorité de ce corps éphémère et collectif ; car, quels projets d'avenir pourraient-ils former ? Qu'auraient-ils à gagner à flatter ou à servir des hommes qui, dans quelques mois peut-être, ne seront plus rien ? Mais en monarchie le cas est bien différent. On peut tout attendre d'un homme qui doit conserver jusqu'à la fin de ses jours la puissance et ensuite la transmettre à ses enfants. Ça vaut la peine de se dévouer, et la récompense sera certaine ; car, à défaut de la reconnaissance de l'obligé direct, on peut sûrement compter sur celle des héritiers. Aussi, quelle nuée de créatures entourent bientôt le monarque ! Lancés dans l'administration et dans la magistrature, ces agents mercantiles s'en vont travailler l'esprit du peuple. Aux approches des élections pour l'assemblée législative, ils l'indisposent contre tel ou tel réprésentant et l'engagent, par des arguments dont ils ont le secret, à voter pour tel ou tel autre. Insensiblement les hommes intègres, les bons citoyens sont remplacés par des gens acquis au gouvernement, et, un jour, ceux-ci se trouvent en majorité. Alors, le corps législatif devient une chose dérisoire, qui n'a plus de la représentation nationale que le nom. On appelle ses membres des délégués du peuple et ce sont des serviteurs du prince. Adieu la liberté ! Les lois sont remaniées selon le bon plaisir du monarque ; il en fait faire d'autres qui lui donnent les pouvoirs les plus étendus, et à ceux qui s'avisent de protester, on répond : de quoi vous plaignez-vous ? Ce sont les représentants du peuple qui ont fait ces lois, c'est le peuple lui-même.

Telle est la métamorphose qui s'opère dans le pouvoir exécutif dès que vous en confiez la garde à un seul homme. Tel est le changement qui se produit dans les rapports de ce corps avec le pouvoir législatif. Voilà comment le serviteur devient le maître, comment celui qui doit obéir commande, tandis que celui qui a le droit de commander obéit.

Si, au moins, on avait toujours dans le monarque un homme de génie, qui rende en grandeur au pays ce qu'il lui prend en liberté, cela consolerait un peu d'un si triste état de choses ; mais à quoi une nation n'est-elle pas exposée avec ce funeste droit d'hérédité ? Il y a sur ce sujet, dans le *Contrat social* des passages, qui me dispenseraient d'ajouter rien d'autre, mais je ne me rappelle pas assez....

Ici le Vaudois fut interrompu.

Depuis quelques minutes, le troisième personnage du compartiment, celui à la casquette, avait suspendu sa lecture pour écouter. En entendant les dernières paroles du Suisse, il lui dit :

— Si vous désirez l'ouvrage de Rousseau, je l'ai ici dans ma valise.

Le Suisse accepta en remerciant.

— C'est comme dans les pièces de théâtre, observa le Français ; on a tout ce qui faut sous la main. J'ai vu un drame à Lyon... Tiens ! c'était justement avec mon ami Cossonet — Voilà qu'au septième acte... Mais laissons continuer Monsieur: ça m'intéresse. Où en étions nous donc?

Le Vaudois qui avait pris le volume et rapidement trouvé la page qu'il cherchait, se mit à lire :

« Le plus sensible inconvénient du gouvernement
« d'un seul est le défaut de cette succession continuelle
« qui forme dans les deux autres une liaison non inter-
« rompue. Un roi mort, il en faut un autre ; les élections
« laissent des intervalles dangereux ; elles sont ora-
« geuses ; et, à moins que les citoyens ne soient d'un

« désintéressement, d'une intégrité que ce gouverne-
« ment ne comporte guère, la brigue et la corruption
« s'en mêlent. Il est difficile que celui à qui l'État s'est
« vendu ne le vende pas à son tour, et ne se dédommage
« pas sur les faibles de l'argent que les puissants lui
« ont extorqué. Tôt ou tard tout devient vénal sous
« une pareille administration ; et la paix, dont on
« jouit alors sous les rois, est pire que le désordre des
« interrègnes.

« Qu'a-t-on fait pour prévenir ces maux ? On a ren-
« du les couronnes héréditaires dans certaines famil-
« les, et l'on a établi un ordre de succession qui pré-
« vient toute dispute à la mort des rois ; c'est à dire
« que, substituant l'inconvénient des régences à celui
« des élections, on a préféré une apparente tranquil-
« lité à une administration sage, et qu'on a mieux aimé
« risquer d'avoir pour chefs des enfants, des mons-
« tres, des imbéciles, que d'avoir à disputer sur le choix
« des bons rois. On n'a pas considéré qu'en s'exposant
« ainsi aux risques de l'alternative, on met presque
« toutes les chances contre soi. »

Mais, dit le Suisse, ce principe de l'hérédité a un autre
côté plus absurde et plus injuste encore. Ecoutez ceci :

« Quand chacun pourrait s'aliéner lui même, il ne
« peut aliéner ses enfants : ils naissent hommes et li-
« bres ; leur liberté leur appartient, nul n'a droit d'en
« disposer qu'eux. Avant qu'ils soient en âge de raison
« le père peut, en leur nom, stipuler des conditions
« pour leur conservation, pour leur bien-être, mais non
« les donner irrévocablement et sans condition, car un
« tel don est contraire aux fins de la nature, et passe
« les droits de la paternité. Il faudrait donc, pour qu'un
« gouvernement arbitraire fût légitime, qu'à chaque
« génération le peuple fut le maître de l'admettre ou de
« le rejeter ; mais alors ce gouvernement ne serait plus
« arbitraire. »

Pendant que j'y suis, continua le Vaudois, il faut que je vous lise un alinéa qui se rapporte à ce que je vous disais tout à l'heure sur les intrigants et les ambitieux :

« Un défaut essentiel et inévitable, qui mettra tou-
« jours le gouvernement monarchique au-dessous du ré-
« publicain, est que dans celui-ci la voix publique n'élè-
« ve presque jamais aux premières places que des hom-
« mes éclairés et capables qui les remplissent avec
« honneur : au lieu que ceux qui parviennent dans les
« monarchies ne sont le plus souvent que de petits
« brouillons, de petits fripons, de petits intrigants, à qui
« les talents, qui font dans les cours parvenir aux gran-
« des places, ne servent qu'à montrer au public leur
« ineptie aussitôt qu'ils y sont parvenus. Le peuple se
« trompe bien moins sur ce choix que le prince ; et
« un homme d'un vrai mérite est presque aussi rare
« dans le ministère qu'un sot à la tête d'un gouverne-
« ment républicain. »

Voici contre le principe monarchique des arguments qui n'ont pas moins de valeur :

« S'il est dificile qu'un grand État soit bien gouverné
« il l'est beaucoup plus qu'il soit bien gouverné par un
« seul homme, et chacun sait ce qu'il arrive quand le
« roi se donne des substituts. »

« Pour qu'un grand Etat monarchique pût être bien
« gouverné il faudrait que sa grandeur ou son étendue,
« fût mesurée aux facultés de celui qui gouverne. Pour
« peu qu'un État soit grand le prince est presque tou-
« jours trop petit. Quand, au contraire, il arrive que
« l Etat est trop petit pour son chef, ce qui est très rare,
« il est encore mal gouverné, parceque le chef suivant
« toujours la grandeur de ses vues, oublie les intérêts
« des peuples, et ne les rend pas moins malheureux
« par l'abus des talents qu'il a de trop, qu'un chef bor-
« né par le défaut de ceux qui lui manquent. Il fau-

« drait, pour ainsi dire, qu'un royaume s'étendît ou se
« resserrât à chaque règne, selon la portée du prince ;
« au lieu que les talents d'un sénat ayant des mesures
« plus fixes, l'Etat peut avoir des bornes constantes, et
« l'administration n'aller pas moins bien. »

Du reste, ajouta le Vaudois en fermant le livre, ce
chapitre du *Contrat Social* est à lire en entier, car
tout ce qui s'y trouve a sa portée.

Il voulut rendre le volume à son propriétaire. Celui-
ci refusa en disant :

— Gardez, Monsieur, gardez. Il vous sera peut-être
encore utile et moi je n'en ai pas besoin.

Le Suisse n'insista pas et reprit :

Examinons maintenant si les avantages que nous
voyons résulter de la république peuvent résulter d'un
gouvernement personnel.

Inutile de parler de la liberté. La démonstration sur
ce point vient d'être établie. Le peuple a le droit de
faire tout ce que veut le monarque ; passons. Mais la
force de la nation, le développement de la nation, la
prospérité, la tranquillité de la nation : arrêtons-nous
un moment à ces choses.

Des peuples neufs, illettrés et conduits par un chef
doué d'un génie militaire transcendant, ont pu subju-
guer d'autres peuples. Une nation savante, unie par un
esprit de race, mue par un sentiment de haine et de
vengeance habilement exploités, a pu faire preuve d'une
grande force, quoique ces peuples dominateurs et cette
nation puissante eussent à leur tête, les premiers un
gouvernement despotique et la seconde un gouvernement arbitraire ; mais ce sont là des cas particuliers
que l'on ne saurait, sans légèreté ou mauvaise foi, pré-
senter pour la règle. L'homme est créé pour la liberté :
ce qu'il a fait accidentellement sans elle, il le fera toujours et mieux avec elle. Croyez bien que l'Allemagne

républicaine eût accompli ce qu'a accompli l'Allemagne monarchique et que ce peuple, gouverné sur le pied des Etats-Unis, eût montré dans son entreprise plus d'ensemble encore et plus de vigueur. Quant à des hommes éminents comme ceux qui l'ont dirigée, il s'en serait produit tout aussi bien sous un régime républicain, et plus tôt peut-être.

Il est des vérités qui donnent à tout ce qui semble les contredire un instant l'aspect d'un insigne mensonge. Comment se pourrait-il qu'un peuple esclave fût aussi fort qu'un peuple libre ? Sous la monarchie, toute initiative individuelle disparaît. Le citoyen, privé de ses droits, sent qu'il n'est plus dans l'Etat qu'une stupide machine. Quand même il aurait des talents, du génie, du courage, à quoi bon ? il n'est rien. Pénétré de son impuissance, de sa nullité, il se soumet et se tait. Dès lors, plus d'émulation, plus de dévouement, plus de noble ambition, plus de patriotisme. On s'occupe de ses intérêts personnels, de sa petite affaire. Quant au pays, tant pis pour lui ! Je cherche en vain comment un tel homme formera un bon soldat. Où puisera-t-il de l'abnégation et de l'héroïsme ? Il défendra sa famille et son bien, oui, mais sa patrie ? Ce mot est pour lui aussi vide de sens que le mot de mère pour celui qui n'a jamais connu la tendresse et les soins maternels.

Supposé même qu'il lui reste un vestige d'énergie morale, je me demande quelle énergie physique il possédera. Cherchez dans une monarchie, où les mœurs dépravées énervent l'âme et le corps, ces constitutions athlétiques, ces torses puissants, ces bras musculeux que l'on trouve dans les pays où l'homme, né robuste et sain, s'est développé ensuite par une éducation forte, basée sur les âpres vertus républicaines. On peut rencontrer des exceptions, mais ce que je vous dis là est confirmé par la règle.

Et au point de vue du nombre, que sera l'armée d'un
état monarchique? Ici encore, l'Allemagne d'aujourd'hui
ne prouve absolument rien. Avec un peuple froid et en
l'absence de toute rivalité dynastique, le gouvernement
prussien a pu créer et conserver, sans danger apparent
jusqu'à présent, un système militaire qui lui permet de
mettre en ligne toutes les forces vives de la nation. Mais
qu'il prenne envie à ce peuple de changer de constitution, ou bien qu'il survienne un monarque impopulaire
pour une cause ou pour une autre, je doute que, malgré la meilleure organisation du monde et la plus grande
centralisation possible, le gouvernement soit à même
d'empêcher le mouvement révolutionnaire ou de le ré-
primer. Avec quelle armée le roi de Prusse dompte-
rait-il son peuple, puisque l'armée c'est le peuple lui-
même ?

La milice d'un État monarchique ne sera donc nécessairement pas une milice nationale, et le prince se
gardera bien de mettre un fusil dans les mains de tous
ses sujets. Il possèdera une armée restreinte, choisie,
dressée, qui lui préservera sa couronne et lui servira
pour des guerres adroites, comme nous le verrons ci-
après. Il préfèrera être moins redoutable au-dehors et
plus en sûreté au dedans. Jean-Jacques dit à ce propos:

« Les meilleurs rois veulent pouvoir être méchants,
« s'il leur plaît, sans cesser d'être les maîtres. Un ser-
« moneur politique a beau leur dire que la force du peuple
« étant la leur, leur plus grand intérêt est que le peuple
« soit florissant, nombreux, redoutable, ils savent très-
« bien que cela n'est pas vrai. Leur intérêt personnel est
« premièrement que le peuple soit faible, misérable,
« et qu'il ne puisse jamais leur résister. J'avoue que
« supposant les sujets toujours parfaitement soumis,
« l'intérêt du prince serait alors que le peuple fût puis-
« sant, afin que cette puissance étant la sienne le ren-

« dît redoutable à ses voisins ; mais comme cet intérêt
« n'est que secondaire et subordonné, et que les deux
« suppositions sont incompatibles, il est naturel que les
« princes donnent toujours la préférence à la maxime
« qui leur est le plus immédiatement utile. »

Ce qui est fondé sur l'erreur ne peut subsister que
par l'ignorance, et le monarque a le plus grand intérêt
à ne pas instruire le peuple ; or, sans instruction, quel
développement est possible ? Vous figurez-vous une nation qui croupit dans les ténèbres ? Vous la représentez-vous marchant à côté de celles qui s'épanouissent en
pleine liberté et en pleine lumière ? Quels exemples,
hélas ! nous offre à cet égard l'histoire de tous les âges
et même celle de notre temps ! Je ne considère pas la
question au point de vue humain. Je vous laisse réfléchir, vous-même, à ce qu'il y a d'affreux à ravaler ainsi
au rang de la brute plusieurs millions d'hommes pour
sauvegarder l'intérêt d'un seul.

Il y a pour un peuple deux manières de s'enrichir :
le travail et les conquêtes ; mais, pour les peuples
comme pour les individus, le bien mal acquis profite
rarement. Une nation, abusant de sa victoire, se repaît
en ce moment des dépouilles de son ennemie vaincue ;
elle lui arrache, comme prix de quelques mois de succès, plus de trésors qu'elle n'en sut amasser pendant
un siècle par son commerce et son industrie ; mais à
qui cela profite-t-il ? Assurément pas au peuple que
cette fortune subite corromprait, comme la chose s'est
toujours vue. Cela enrichira quelques classes seulement
et constituera un trésor d'Etat, qui servira sans doute
à faire d'autres guerres. Quelle différence entre cette
prospérité malsaine, factice, immorale et la prospérité
naturelle, honnête et méritée d'un peuple libre et travailleur ! Combien l'une fait plaisir à contempler et
combien l'autre répugne ! convenez-en.

En dehors des conquêtes, jamais un peuple monarchique ne saura acquérir comme un peuple républicain. Quant à conserver, c'est bien pis encore, et l'on peut dire que l'économie est un des caractères les plus saillants de nos institutions. Chez nous, pas de liste civile, pas de police secrète, pas de courtisans dévoués, pas de hauts fonctionnaires à payer, pas de majesté à garder, par conséquent, pas d'armée permanente à entretenir. Ce que coûte le déjeuner d'un roi suffit au traitement du président de la Suisse, et celui des Etats-Unis ne touche pas plus en un an que le locataire des Tuileries en un jour. Aussi, comme je vous le disais ci-devant, il y a chez nous peu d'impôts, et les produits étrangers y entrent presque en franchise. Les cafés, pour ne citer qu'un exemple, les cafés que vous payez en France deux francs la livre, au détail, nous les avons pour la moitié de ce prix.

Quand donc on avance qu'il y a autant de liberté à Londres qu'à Washington, on devrait nous apprendre, en même temps, s'il y a autant d'économie, et j'imagine qu'on serait bien embarrassé de prouver qu'oui.

Il me reste à vous démontrer que l'état monarchique, comme tous les états faux et antinaturels, sera constamment pour un pays une source de guerres à l'intérieur, parce que les sujets éclairés chercheront sans cesse à secouer le joug, et, à l'extérieur, parce que les raisons d'état, l'ambition et la rivalité des princes en suscitera toujours entre les peuples ; mais je me réserve, pour éviter les répétitions, d'établir cela lorsque je passerai de la théorie à la pratique... Eh bien ! que pensez-vous de ceci ?

— Dame ! fit le Français, je pense que je voudrais bien savoir ce qu'en penserait notre maire.

— Il serait de mon avis ?

— Oh ! Dieu de Dieu ! point du tout, Monsieur, il vous

soutiendrait, au contraire, qu'il n'y a rien de mieux que la monarchie.

— Mâtin ! vous avez de la chance de posséder un maire comme cela, et sous la république encore. S'il y en a beaucoup de semblables dans votre pays, la France... Mais, interrompit le Suisse, nous voici à Yverdon et nous allons jouir, à partir d'ici, d'une perspective qui a bien son mérite, quoiqu'elle ne vaille pas celle du lac Léman.

En effet, après avoir traversé la rivière l'Orbe et fait un petit circuit, la voie ferrée s'en vient bientôt côtoyer les rives du lac de Neuchâtel, dont les eaux, grisâtres à cette extrémité du bassin, ont bien moins de charme que celles au reflet bleu et profond du lac de Genève. Mais, à mesure que l'on avance, l'aspect change. Le lac s'élargit, les petites collines du bord opposé s'effacent, l'horizon se découvre et l'on commence à apercevoir, dans le lointain, la vaste chaîne des Alpes bernoises. Le spectacle devient majestueux.

Lorsque le train passa à Grandson, le Vaudois, qui paraissait connaître à fond l'histoire de la Suisse, ne manqua pas de raconter à son compagnon les péripéties de la fameuse bataille gagnée sur Charles le Téméraire. L'épisode du diamant trouvé par un pâtre intéressa particulièrement le Français. On parla aussi d'Estavayer, petite ville que l'on distingue de l'autre côté du lac, et cela amena la conversation sur les mosaïques et les ruines romaines d'Avenches. L'énumération des sites qui se déroulaient sur la gauche, celle des principaux sommets perceptibles des Alpes et, enfin, le récit de la catastrophe de Colombier, dans laquelle périrent trente internés français qui regagnaient leur patrie : tout cela occupa les loisirs de nos voyageurs jusqu'à Neuchâtel.

Là, il y avait trois quarts d'heure d'arrêt et l'on changeait de voitures.

Avant de descendre, le Suisse voulut rendre, pour de bon cette fois, le livre qu'on lui avait prêté ; le voyageur à la casquette refusa encore.

— Gardez toujours, lui dit-il avec un sourire... Plus tard..... Quand vous aurez tout à fait converti Monsieur.

— Vous venez donc du même côté que nous ?

— Oui. Soyez sans inquiétude.

— Mais, nous retrouverons-nous ensemble ?

— Nous tâcherons bien.

Le Vaudois, sans plus de façons, fourra le volume dans sa poche, saisit son lourd sac de nuit et descendit sur le quai. Le Français lui offrit de prendre quelque chose au buffet de la gare.

— Merci ! dit le Suisse, j'ai une commission à faire ici : il faut que je me hâte. Je vous prierai seulement de me garder mon sac.

L'autre accepta avec sa politesse ordinaire.

En l'absence du Vaudois, le Français se rendit au buffet, et se fit servir une copieuse collation qu'il dévora de bon appétit, et sans faire attention au voyageur à la casquette, qui, tout en mangeant de son côté quelques gâteaux, l'observait d'un air de curiosité narquoise.

A quatre heures moins cinq minutes, on appela les voyageurs pour la ligne de Pontarlier. Le Français s'empressa de monter en wagon, et y était déjà depuis un moment, lorsque le voyageur à la casquette arriva tranquillement et prit place comme il avait fait à Lausanne. Un peu après, on aperçut le Vaudois qui accourait essoufflé et cherchant son compagnon de route. Celui-ci se montra.

— Vous avez mon sac ? demanda le Suisse.

— Voilà, Monsieur, répondit l'autre en désignant l'objet déjà sur le porte-manteau.

Comme le Vaudois exprimait sa satisfaction de retrouver tout son monde, la portière se rouvrit et deux autres personnes montèrent.

II

On revint sur ses pas jusqu'à Auvernier, où se trouve la bifurcation de la voie, puis l'on commença bientôt à gravir la rampe qui mène à Noiraigue. Lorsque les accidents de terrain ne masquaient pas la vue, le coup d'œil était saisissant, car on dominait le lac de plus en plus, et l'on avait maintenant un panorama qui s'étendait tout au travers du canton de Fribourg, c'est-à-dire à plus de vingt lieues. Les masses lointaines et colossales des montagnes, que surpassait la blanche Jungfrau, bornaient seules cet immense horizon.

— Regardez bien, dit le Vaudois, car c'est le dernier spectacle de ce genre que vous offre la Suisse et nous allons lui dire adieu dans un instant.

Brusquement, le train s'engagea entre deux talus ; puis on entra sous un tunnel, au sortir duquel on aperçut de tous côtés des rochers et des précipices. On était dans le Val de Travers.

Nous ne savons s'il existe quelque chose de plus curieux et de plus effrayant que ce bout de réseau ferré qui relie la Suisse à la France. Des gorges monstrueuses de toute part, des escarpements qui donnent le vertige, des Pélions sur vos têtes, des abîmes à vos pieds. Tantôt le train, collé aux flancs d'un rocher inaccessible, glisse le long de cette gigantesque paroi comme une chenille le long d'un mur, tantôt il passe sur quelque gouffre comme un moucheron sur la gueule d'une hydre, tantôt il disparaît sous une masse granitique, tantôt il se montre sur les hauteurs. Tranchées, tunnels, remblais alternent perpétuellement dans ce tortueux labyrinthe. Il est des endroits où les sinuosités naturelles ont occasionné, dans le tracé, des courbes comme on n'en voit guère qu'au chemin de fer de Paris à Sceaux. Dans d'autres, la pente est telle que l'on frissonne à l'idée de ce que deviendrait un train abandonné à lui-même, ou dont la machine viendrait à patiner, ce qui est possible en hiver. Quant à ce que serait un déraillement au milieu de ce bouleversement d'excroissances, l'esprit refuse de s'y arrêter.

Peu à peu, cependant, les aspérités diminuèrent et l'on approchait du fort de Joux, tristement célèbre depuis la fatale retraite de l'armée de l'Est. A cinq heures et demie on passa la frontière de France et l'on atteignit enfin Pontarlier, ou il fallait descendre pour faire visiter les bagages. Du reste, là se terminait le réseau exploité par la Suisse occidentale et l'on devait encore changer de wagons.

Depuis Pontarlier, nos trois voyageurs, qui avaient réussi une seconde fois à se caser dans le même compartiment, eurent quatre nouveaux compagnons de route. Entre Noiraigue et Fleurier, celui à la casquette avait eu avec le Vaudois une petite causerie à propos de la fabrication de l'absinthe ; mais à partir de l'ancienne Ariarica, il s'était imperturbablement plongé dans la lecture de deux journaux qu'il venait d'acheter. Ce ne fut qu'en entendant le Vaudois réengagé dans sa dissertation politique qu'il changea de maintien et leva le nez, sans que l'on pût, toutefois, deviner s'il écoutait ou continuait de lire.

Jusqu'à présent, disait le Suisse, je ne vous ai parlé

qu'en thèse générale. J'ai comparé la république à la monarchie, pesé les inconvénients de celle-ci et les avantages de celle-là, sans appliquer ces principes à aucun peuple. Voyons maintenant la république en pratique, et examinons, en particulier, cette forme de gouvernement appliquée à votre pays.

Vous avez en France trois classes d'individus qui déblatèrent contre la république : ce sont les intrigants, les nobles et les prêtres. Ces trois classes d'individus défendront la monarchie jusqu'à la mort, car il y va pour eux de ce que l'homme a de plus cher : l'intérêt et l'amour propre.

Les intrigants détestent la république, parce qu'ils ne trouveront jamais sous ce régime simple et honnête les sinécures à gros traitements que la monarchie leur donne pour prix de leur bassesse et de leur vénalité.

Les nobles détestent la république, parce que sous ce régime simple et naturel leurs titres sont nuls. L'orgueil de ces gens là, c'est toute leur vie.

Les prêtres détestent la république, parce que la république c'est la liberté et l'instruction, et que ces deux choses signifient : chûte de l'Eglise de Rome Ils aiment la monarchie, au contraire, parce qu'elle ne vit comme eux que de ténèbres, et qu'elle sera toujours d'accord avec eux pour abrutir afin de dominer.

Derrière ces trois classes d'individus, minorité infime, vous avez la bourgeoisie et le peuple, c'est-à-dire l'immense majorité, la nation elle-même, qui est de bonne foi, mais qui, par pusillanimité ou par ignorance, croit tout ce que lui débitent les intrigants, les nobles et les prêtres.

Or que disent ceux-ci? Quels sont les arguments de leur rhétorique intéressée?

Ils disent d'abord que c'est la monarchie qui a fait la France grande, riche, unie, puissante, et ils en déduisent naturellement, que la France ne peut demeurer telle que par la monarchie. Ils disent encore que la république en France, c'est la violence, l'anarchie, le désordre, le chaos, et ils ne craignent pas d'affirmer qu'un régime pareil conduirait la société à une désorganisation totale.

Je me persuade qu'il y a, parmi ces oiseaux de mauvais augure, des gens sincères et bien intentionnés qui pensent naïvement ce qu'ils avancent et qui croient être dans le vrai. Mais je m'étonne que les motifs d'intérêt personnel qui poussent les autres à parler ainsi, ne sautent pas aux yeux de tous, et je ne puis comprendre que l'on ne s'aperçoive pas de la duplicité, de l'insigne mauvaise foi qui se cache, la plupart du temps, sous ces paroles. Examinons et voyons s'il est possible que de semblables théories soient soutenues, avec franchise, par un homme qui, ayant reçu quelque instruction et possédant un peu d'intelligence, se donne la peine de réfléchir un moment.

Les races humaines, qui ne sont que des individualités collectives, ressemblent naturellement aux individualités simples, et il en est souvent de l'histoire d'une nation comme de celle d'un homme. Grâce à leur tempérament, à leur caractère, à leurs mœurs, à la position géographique du pays qu'ils habitaient, à l'influence des hommes qui les dirigeaient, au degré de leurs connaissances et à une foule d'autres causes, certains peuples se sont constitués en république, dès leur origine, et ont grandi sous cette forme de gouvernement. D'autres, au contraire, plus ignorants, plus faibles ou moins favorisés par les circonstances, ont eu besoin d'un régime *homogénisateur* qui, en ralliant toutes leurs parties et toutes leurs forces éparses, en un seul faisceau, les formât, les guidât et les amenât graduellement à la condition d'êtres constitués, vigoureux et maîtres d'eux-mêmes. C'est le cas de la France.

La France tient donc son unité de la monarchie. Mais est-ce à dire qu'elle doive pour cela demeurer en cet état? Pas le moins du monde. Ce régime a pu avoir son utilité autrefois, mais il ne l'a plus aujourd'hui: les temps sont changés. Un enfant devenu homme n'a que faire des soins et des ordres de son tuteur; il les repousse et tient à être désormais libre; de même, une nation, arrivée à un certain degré de formation et de développement, secoue le joug de l'autorité et veut maintenant marcher toute seule. Et elle a d'autant plus le droit de le vouloir, qu'elle n'est liée par aucun devoir de reconnaissance, car si l'enfant peut être l'obligé de son précepteur, en quoi, grand Dieu! une nation l'est-elle de ses rois? Ah! si l'on établissait le compte de ce que les monarques ont pris aux peuples, en échange de ce qu'ils leur ont donné, je sais bien qui resterait débiteur et le solde serait terrible.

Quelle hideuse exploitation de l'ignorance et de l'imbécillité humaine que ces longs siècles de monarchie!

La France a grandi sous la royauté; mais j'ai la conviction qu'elle eût grandi davantage, et de la vraie grandeur, sous la république, si, placée dans les mêmes conditions que les peuples dont je parlais tout à l'heure, elle avait possédé, dès son enfance, cette forme de gouvernement.. Quoi qu'il en soit, le rôle de la monarchie est fini chez vous, et je prouverai, dans un instant, que non seulement la grandeur de votre pays ne dépend plus d'elle, mais qu'elle est dorénavant, pour la France, une cause fatale de divisions, de faiblesse et de ruine à laquelle il faut remédier au plus tôt

Il peut paraître surprenant que je m'occupe des affaires d'un pays qui n'est pas le mien, comme si j'y étais intéressé d'une manière quelconque; mais je vous avouerai que, tout bon Suisse que je suis, j'aime la France, et d'ailleurs je ne puis m'empêcher de combattre l'absurdité et la fausseté partout où je les aperçois. Or, comment voir de sang-froid des gens s'étayer des misérables essais que l'on a faits, jusqu'à présent, de la république en France, pour affirmer que ce régime est impraticable dans ce pays. Il y a dix ou douze siècles que vous vivez en monarchie ; vous êtes habitués à cette tutelle, vous en avez sucé les idées avec le lait de vos mères ; c'est dans vos mœurs et presque dans votre sang. Comment serait-il possible que vous passiez, du jour au lendemain, d'une telle situation morale à une autre tout opposée? Quand j'entends parler d'un essai loyal de quelques mois, je ne sais que hausser les épaules. Avez-vous jamais vu un esclave affranchi se conduire immédiatement comme un homme libre? Est-ce qu'un malade marche dès sa première sortie, comme quelqu'un de bien portant? Est-ce qu'un aveugle-né, que vous rendez subitement à la lumière, aura la vue exercée comme vous et moi ! Quelle chose insensée! Ce n'est pas sur une ou deux générations qu'il faut opérer mais sur vingt générations consécutives. Alors vous pourrez dire que l'essai a été loyal ; et si les adolescents d'aujourd'hui ne sont pas de bons républicains en 1890, vous aurez le droit de considérer l'expérience comme faite.

Non, ce n'est pas en quelques mois que l'on déracine de telles coutumes et de tels préjugés, surtout dans un pays où l'instruction est si peu répandue. Et pourtant, malgré l'ignorance qui règne en France, malgré ces coutumes et ces préjugés, je suis persuadé que la république y serait depuis longtemps implantée, si le peuple n'avait pas été influencé et trompé. Oui, si l'on s'était borné à lui donner quelques notions de politique, et si on lui avait demandé après : que veux-tu?

en le laissant absolument libre dans ses pensées et maître dans son jugement, il aurait répondu : la république.

Mais au lieu de cela, qu'a-t-on fait? On lui a montré la république comme une chose abominable. On lui a mis sous les yeux, en les exagérant et les dénaturant, les excès de quatre-vingt-treize. On lui a dit que ces excès, qui ont fait leur temps, se reproduiraient, Et, non content de ces mensonges, on lui a forcé la main, on a transformé les élections en un tour de passe-passe. Alors vous savez ce qui est arrivé.

Oh ! qu'il est pitoyable ce côté de l'histoire de France ! et combien, en y songeant, on éprouve le besoin de dire : Pauvre, pauvre humanité !

Mais vos nobles, vos intrigants et votre clergé auront beau se débattre, ils seront confondus et vaincus. Car si, avant les désastres de la France, vous aviez, plus que toute autre nation monarchique, des raisons majeures de changer vos institutions, aujourd'hui vous en avez d'impérieuses et d'absolues, et vous ferez par nécessité implacable ce que vous auriez dû faire par bon sens.

La monarchie était possible en France, tant que les ténèbres du moyen âge y régnaient et tant qu'il y avait unité dynastique. Elle y est devenue difficile à partir du jour où la lumière s'est faite, et impossible à partir du jour où les dynasties se sont multipliées. Quel est l'homme raisonnable et de bonne foi qui oserait contester cela?

N'est-il pas clair que cette pluralité dynastique est une source intarissable d'anarchie pour la France, puisque tous ceux qui s'y disputent le trône, prétendent naturellement y avoir le même droit et que leurs partisans pensent de même ? L'un des partis étant, à un moment donné, le plus fort, s'empare de la position et la conserve, pendant un certain temps, par la violence ; mais que le prince vienne à mourir, ou qu'il se produi- se une catastrophe comme celle du mois de septembre immédiatement les partis évincés se jettent sur le pou- voir et se l'arrachent avec fureur. Indiquez-moi un moyen d'empêcher cette conséquence et trouvez un terme à cela. Il n'y en a pas. Jamais vous ne verriez une fin à cet état de choses.

Maintenant, considérez ce qu'il en résulte pour votre pays. Non-seulement il souffre de ces déchirements, non-seulement ces révolutions le minent et l'épuisent, non-seulement l'état d'incertitude et de crainte. per- pétuel dans lequel il vit paralyse le commerce et l'industrie, mais il n'y a plus de liberté au dedans et pas de force au dehors : car si, pour conserver la cou- ronne, un monarque est obligé d'abrutir le peuple, de le désarmer, de le menotter, même quand il n'a pas de concurrent qui l'inquiète, que sera-ce en France où il y a toujours trois prétendants ?

Et, inconséquence inévitable, malgré cette faiblesse relative de votre pays désarmé, vous vous trouverez engagés dans des guerres fréquentes, attendu que, pour se rendre populaire, pour arracher un lambeau de pro- vince au voisin, pour venger quelque inimitié person- nelle ou pour servir quelque intérêt de famille, le prin- ce n'hésitera pas à jeter le gant. Mais c'est surtout pour vous distraire, pour vous ôter l'idée et le temps de songer à vos propres affaires, que vos monarques vous lanceront dans des guerres, car ils savent bien que, tout occupés de vos succès extérieurs, vous ne vous inquièterez, pendant ce temps, ni de la forme du gou- vernement ni de ses actes. C'est toujours quelques mois de gagnés.

Ajoutez à ces considérations, l'esprit d'indépendance qui vous est propre, votre inconstance naturelle qui vous porte à vous lasser vite d'un même gouvernement, l'ignorance de vos classes pauvres qui les fait rejeter sur la politique la cause de leurs misères : autant de principes d'instabilité dont se servent vos partis déchus pour entretenir l'agitation et tâcher de renverser leur adversaire.

Voilà, sommairement, les raisons que vous aviez de changer de régime avant la guerre ; mais aujourd'hui c'est bien pis.

Il y a trois ans, la France semblait puissante et elle était redoutée. Vaste empire, elle n'avait à ses portes que des royaumes dont aucun, croyait-on, n'aurait osé se mesurer avec elle. Hélas ! quel changement ! Vaincue par une nation qu'elle avait jusqu'alors dédaignée, rançonnée, mutilée, presque saignée à blanc, elle git, colosse épuisé, en but aux outrages de son ennemie victorieuse, et aux impertinences de nations qui jadis tremblaient devant elle. Un grand empire s'est fondé sur ses ruines et le sceptre de l'Europe a passé le Rhin.

Eh bien, il faut essayer de réparer tout cela !

Comment ? Par la république.

Il faut que la France se régénère et se fortifie par une éducation saine, par des mœurs austères, par les vertus domestiques et les vertus civiques. Le régime républicain, seul, peut amener à ce résultat.

Il faut que la France devienne unie. Il faut que les discordes cessent, que les partis soient fondus, qu'il n'en reste plus qu'un : celui de la race. La république, scule, peut produire ce résultat.

Il faut que tout Français soit soldat et puisse défendre son pays, son village, sa famille. Il faut que la France entière soit armée, et la république, seule, peut permettre cela.

Sans la régénération de la France, sans l'union de la

France, sans le service obligatoire en France, la France ne reprendra jamais son rang parmi les nations. Inutile d'insister sur ces différents points, car c'est l'opinion à peu-près unanime.

Vous avez encore une autre raison d'arborer le drapeau républicain, une raison née aussi des derniers événements, la voici :

Autrefois la France était un empire et la Prusse un royaume. Aujourd'hui la Prusse est un empire ; ferez-vous un royaume de votre pays ?

Je sais bien que les noms n'ajoutent rien aux choses, et, pourtant, il me semble qu'il y aurait dans ce simple échange de dénominations, une humiliation pour vous : ce serait comme la consécration de votre chute.

. La république française, au contraire, est un titre qui relève tout. Il implique le rajeunissement, le renouvellement, la résurrection de votre patrie, parce qu'il est le symbole radieux de la liberté et de l'avenir. Le bonnet phrygien regarde fixement la couronne caduque.

Enfin, il y a dans le fait de la France républicaine comme un châtiment pour l'Allemagne monarchique. La vaincue par la force brutale, riposte par la force morale et menace la victorieuse de sa liberté. C'est un commencement de vengeance.

La France *République* est un affront pour l'Allemagne *Empire*.

Voilà pour l'extérieur.

A l'intérieur, la république définitive, c'est la solution de tout le problème politique de la France. C'est la fin de l'anarchie, la fin de l'incertitude, la fin de l'inconnu ; c'est la sécurité, la prospérité, l'apaisement, la stabilité, la force : c'est le port.

Représentez-vous la France, fixée une fois pour toutes à cette forme de gouvernement, y étant habituée, en comprenant tous les bienfaits et n'en voulant plus d'au-

tres. Quelles conséquences ! La voilà donc enfin rendue
à elle-même et maîtresse de ses volontés de ses actes.
Elle nomme librement des représentants qu'elle ob-
serve, surveille, change, maintient ou révoque à son
gré. Elle a une chambre des députés qui émane d'elle ;
elle a un pouvoir exécutif temporaire qui est son serviteur et ne peut jamais devenir son maître. Elle a ce
pouvoir pondérateur, gardien des lois, trait d'union
entre les deux premiers, inoffensif parce qu'il ne peut
rien faire seul, et qui, dans un grand pays est nécessaire. Elle a une magistrature intègre, honnête, dépen-
dante du peuple et dévouée au peuple comme le gouvernement lui-même. Oh ! quand on songe à cet idéal !
Adieu, dès lors, les espérances de ces hommes sans
cœur et sans ombre de patriotisme qui, pour satisfaire
leur orgueil stupide ou leurs vils petits intérêts personnels, ne reculent ni devant l'extermination mutuelle
de leurs concitoyens, ni devant la ruine de leur patrie !
Qu'ils viennent maintenant essayer de tromper le peuple qui les connaît, qui sait ce qu'ils sont, qui comprend
ce qu'ils veulent et voit où ils cherchent à l'entraîner !
Leur indigne rôle est fini, leur astuce est désormais
vaine : le peuple ne les écoute plus et ne les croit plus.
Adieu ! les révolutions qui n'ont plus d'objet, puisque
c'est la nation qui se gouverne elle-même et qu'elle peut,
sans secousse, améliorer, réformer tout ce qui lui plaît !
Quant aux guerres étrangères, s'il devait encore y en
avoir, ce serait des guerres justes et indispensables,
commandées impérieusement par l'intérêt gravement
lésé, ou par l'honneur sérieusement engagé du pays ;
mais non des guerres faites pour un caprice, pour un
inique accroissement de frontières, ou pour empêcher
les émeutes en détournant les esprits de ce qui se passe
à l'intérieur : car un gouvernement républicain est
exempt des susceptibilités et des jalousies princières, et,

ne craignant jamais l'examen, il ne saurait avoir besoin de flatter ou de distraire les masses ; et le peuple qui n'a pas d'autre ambition que d'être libre et prospère, sait bien qu'un agrandissement de territoire n'ajoutera rien à son bonheur. Du reste, la France, vraiment puissante alors, par son union et son organisation militaire, sera aussi respectée de ses voisins qu'elle les respectera elle-même, et les querelles surgiront rarement. Si elle a besoin d'alliances, la sienne sera recherchée, d'abord à cause de sa force et ensuite à cause de sa stabilité. La richesse nationale s'augmentera de toute l'économie réalisée par un gouvernement aussi peu coûteux, de toute la suppression des charges inutiles et de tout le produit de l'initiative et de l'activité des citoyens. Le niveau moral s'élèvera par l'instruction, et les saines connaissances, jusqu'à présent centralisées à Paris, se répandront dans toute la France.

Ne vous attendez pas, cependant, à une tranquillité absolue, et ici je réponds au misérable et unique argument des prôneurs d'ordre et de paix. Le signe infaillible de la liberté dans un pays quelconque, et surtout chez vous, c'est le mouvement politique, et si un peuple, aussi turbulent que le peuple français, devenait un jour complètement calme, c'est qu'il serait bien malade ou peut-être mort.. — Vous connaissez Montesquieu, je pense ?

— Montesquieu ?.. Heu.. Voilà.. de nom. Mais je ne l'ai jamais vu.

Quelqu'un, dans le compartiment, étouffa un éclat de rire, mais le digne Helvétien conserva toute sa placidité et reprit :

Quant tout est tranquille dans une république, dit Montesquieu, on peut être assuré que la liberté n'y est pas. Dans un état libre où l'on vient d'usurper la souveraineté, dit-il encore, on appelle règle tout ce qui peut fonder l'autorité sans borne d'un seul et on nomme trouble, dissension, mauvais gouvernement tout ce qui peut maintenir l'honnête liberté des sujets. Du reste, ajouta le Suisse, en tirant de nouveau le *Contrat social* de sa poche, écoutez encore sur ce point Jean Jacques Rousseau :

« On dira que le despote assure à ses sujets la tran-
« quillité civile. Soit ; mais qu'y gagnent-ils, si les
« guerres que son ambition leur attire, si son insatiable
« avidité, si les vexations de son ministère les désolent
« plus que ne feraient leurs dissensions? Qu'y gagnent-
« ils, si cette tranquillité même est une de leurs mi-
« sères ? On vit tranquille aussi dans les cachots; en
« est-ce assez pour s'y trouver bien? Les Grecs enfermés
« dans l'antre du cyclope y vivaient tranquilles, en at-
« tendant que leur tour vînt d'être dévorés. «

Et plus loin il ajoute ceci :

« Les émeutes, les guerres civiles effarouchent beau-
« coup les chefs, mais elles ne font pas les vrais mal-
« heurs des peuples, qui peuvent même avoir du relâche,
« tandis qu'on dispute à qui les tyrannisera. C'est de
« leur état permanent que naissent leurs prospérités
« ou leurs calamités réelles. Quand tout reste écrasé
« sous le joug, c'est alors que tout dépérit, c'est alors
« que les chefs les détruisent à leur aise. Un peu d'a-
« gitation donne du ressort aux âmes, et ce qui fait
« vraiment prospérer l'espèce est moins la paix que la
« liberté.»

Non, vous n'aurez pas ce calme funeste, ce silence lugubre qui sent l'esclavage ou la mort. Vous aurez ces luttes du progrès, ces saines agitations politiques d'un peuple libre qui discute, qui s'éclaire, qui perfectionne ses institutions, qui marche toujours de l'avant. Peu à peu vous vous habituerez à cette émulation ; elle vous fortifiera, et un jour viendra où, non-seulement elle ne vous effarouchera plus, mais où elle vous sera nécessaire et fera partie de votre existence. Quelle différence entre ces émotions salutaires, qui ne pourront jamais devenir des craintes, et cette anxiété perpétuelle d'un peuple qui, gouverné par un monarque, se demande à chaque instant : — Que se passera-t-il demain ? N'aurons-nous pas une guerre ? Le roi ne viendra-t-il pas à mourir ? N'y aura-t-il pas un bouleversement terrible ?

Malheureusement les peuples, gâtés par une longue servitude, ne comprennent pas tout de suite cela, et, comme le dit Jean-Jacques Rousseau, il en est de la liberté comme de ces aliments solides ou de ces vins généreux propres à nourrir et à fortifier les tempéraments robustes qui en ont l'habitude, mais qui accablent et énivrent les faibles et délicats qui n'y sont point faits. Et, parlant du peuple romain sortant de l'oppression des Tarquins, il ajoute qu'il fallut d'abord le ménager et le gouverner avec la plus grande sagesse afin que, s'accoutumant peu à peu à respirer l'air bienfaisant de la liberté, ces âmes énervées sous la tyrannie, acquissent par degré cette sévérité de mœurs et cette fierté de courage qui en firent enfin le plus respectable de tous les peuples. Mais constatons vite que cette citation ne peut pas vous être appliquée à la lettre, et que vous êtes bien autrement préparés à la liberté que le peuple romain ne l'était à l'époque dont parle Jean-Jacques Rousseau.

Plus on songe aux heureux résultats de la république définitive en France, et plus on en découvre de nouveaux. C'est ce qui arrive toujours quand on part d'un principe solide, basé sur la justice et la vérité. En ce moment, une grave question sociale s'agite en Europe. Les classes travailleuses relèvent la tête et les autres commencent à trembler. Eh bien, supposez la

France républicaine, le peuple solidaire, éclairé et armé : aussitôt ce fantôme de l'Internationale s'évanouit: car, d'un côté, l'instruction éliminera tout ce qu'il y a de faux, d'injuste, d'inconscient, par conséquent de dangereux dans les maximes de cette société redoutable, et n'y laissera que ce qui s'y trouve de pratique, d'équitable et de bon ; d'un autre côté, la réforme politique amènera insensiblement une réforme sociale raisonnable qui permettra à tout homme intelligent, travailleur et rangé, de se créer une honorable position ; et, ne fût-ce que par les économies résultant de vos simples et sages nouvelles institutions, le sort des classes ouvrières s'améliorera d'une manière visible. En tout cas, on ne pourra plus arguer de la politique, ni s'en prendre à la forme du gouvernement, qui sera maintenant aussi parfaite qu'elle peut l'être. Que s'il en était autrement, que s'il se trouvait encore des ignorants, des pervers ou des insensés qui voulussent, quand même, un changement injustifiable, alors le peuple, c'est-à-dire tous ceux qui, possédant quelque chose, ont intérêt à l'ordre, tous ceux même qui, sans posséder, comprendront où est le droit, le bon sens, et seront à l'abri de l'utopie, et le nombre des uns et des autres grandit rapidement dans une république : toute cette légion puissante sera là, l'arme au bras, immense, calme dans sa force, et prête à mettre les perturbateurs à la raison. Voyez ce qui s'est passé chez nous durant la Commune. J'ai vu tous nos ouvriers stupéfaits, indignés de cette monstrueuse équipée, et je n'en ai pas entendu un seul qui donnât raison à vos utopistes de Paris. Ils savent que le travail et la bonne conduite sont les meilleurs moyens d'arriver au bien-être, et ils n'iront jamais le demander à la violence et au crime : aussi le plus grand nombre deviennent patrons. Peut-être le manque d'agglomération, chez nous, contribue-t-il à cette différence de nos ouvriers avec ceux de vos grandes villes; mais croyez-bien que l'instruction répandue dans notre pays et nos institutions politiques peuvent en revendiquer la plus large part.

A l'égard de la population, ce grand souci de vos vrais philosophes, quels résultats ne donnerait pas à la France une organisation qui, en moralisant les masses et en promettant à tous ceux qui la mériteraient, une aisance suffisante, bannirait le célibat et multiplierait les naissances. Rien que sur ce chapitre, nous aurions à causer d'ici à Paris.

Poussés dans leurs derniers retranchements, les détracteurs de la république avançent encore que cette forme de gouvernement altèrera l'unité française. En vérité, on se demande s'il n'est pas oiseux de répondre à cela. Est-ce que le pouvoir bien constitué d'une république n'a pas autant de force en main pour conjurer toute scission que le pouvoir d'une monarchie? Et croyez-vous que si l'un ou plusieurs de nos cantons voulaient se séparer de la Confédération, nous ne saurions pas aussi bien les en empêcher que si nous étions un royaume? Mais cette pensée de démembrement, qui l'aura chez vous, quand, chacun pénétré des bienfaits de la république, n'imaginera rien de meilleur que de vivre sous un semblable gouvernement? C'est alors, au contraire, qu'il y aura union véritable entre toutes les parties de la grande race gauloise, c'est alors que la patrie, fut-elle une fédération d'États, deviendra chère à tous, c'est alors que l'on sera heureux d'être Français; et non pas sous une monarchie où le peuple, n'étant plus rien, se moque de son pays déchiré par les divisions, où celui-ci veut une dynastie, celui-là une autre, et où le meilleur citoyen navré, écœuré, dégoûté, se jetterait volontiers dans des bras étrangers pour échapper à ce triste spectacle.

Ènfin, il est de pauvres fétichistes incorrigibles qui lassés, acculés, à bout d'arguments, viennent vous dire d'un air piteux et avec des soupirs déchirants:— Allons! soit: rendons le peuple à lui-même, laissons le libre; mais, au moins, conservons la monarchie, adoptons la constitution anglaise. Qu'est-ce que ça peut vous faire, puisque vous aurez la liberté?

La douleur de ces braves gens est certainement très lamentable, mais le sort d'un pays est néanmoins beaucoup plus intéressant; or, j'imagine que cette combinaison qui, faute de mieux, suffirait à leur félicité, ne suffirait pas au bonheur de la France. Il est vrai que l'Angleterre est à peu près libre et tranquille; seulement, pour que la France le devînt aux mêmes conditions, il manque trois choses, savoir: que les Français aient le caractère anglais, qu'ils aient les mœurs et les coutumes anglaises et que, comme le trône britannique, celui de France ne soit pas disputé par deux ou trois partis rivaux.

On dit que divers prétendants à la couronne de France détestent plus la république qu'une dynastie rivale. Je crois que c'est une erreur et qu'ils détestent, au contraire, davantage celle-ci que celle-là; mais la monarchie perpétue en France des idées et des habitudes qui leur laissent toute espérance pour l'avenir, tandis que la république sape cette espérance dans sa base. Quand donc la république sera établie solidement, non-seulement ils n'oseront plus s'attaquer à des institutions voulues et défendues par tous les citoyens, mais encore se soumettront-ils de bonne grâce. Mais fondez une monarchie comme celle de l'Angleterre: immédiatement nous rentrons dans la difficulté, et les prétendants s'arracheront la couronne aussi bien dans ces conditions que dans d'autres, car l'ambition de ces Messieurs est très-élastique: ils sauront, au besoin, se

contenter de régner sans commander ; et puis, qui sait ?
une fois sur le trône, il y aura peut-être bien moyen de renverser ce nouvel ordre de choses et de revenir à l'ancien.
En Angleterre où le fait est acquis, ce serait difficile,
mais en France ! ...

Lors même qu'il n'y aurait pas cet obstacle insur-
montable de la pluralité dynastique ; lors-même qu'on
pourrait être certain du maintien des nouvelles institutions, il resterait toujours ce nom de royauté, souve-
rainement antipathique à tout homme qui mérite ce
nom, antipathique à la fierté française surtout, quand
elle est doublée de connaissance ; il resterait cette mo-
notonie de règne fatigante pour votre mobilité d'esprit
naturelle ; et je me demande comment vous supporteriez
pendant trente années consécutives une même effigie sur vos pièces de cinq francs, et une vilaine effigie
peut-être. Le principe républicain, si conforme à la di-
gnité humaine et qui ne rappelle aucun humiliant sou-
venir, donne, de plus, par le renouvellement fréquent
des hommes au pouvoir, pleine satisfaction à votre
amour du changement. Du reste, soyez convaincu que
cette légèreté et cette inconstance qu'on vous reproche
disparaîtront rapidement sous la république et que le
peuple français deviendra sérieux en devenant respon-
sable : la majorité rend positif.

Il est probable, en outre, qu'en demandant d'un air
si tristement résigné, pour votre pays, les institutions
anglaises, ces mélancoliques adorateurs de la monarchie demandent l'application du système politique anglais tout entier, c'est-à-dire l'établissement d'une
chambre haute composée exclusivement de l'aristocratie française, et je voudrais bien savoir comment vous
vous arrangeriez de cela. Qu'appelle-t-on vulgairement
aristocratie? Une classe privilégiée d'individus, nobles
de naissance, au dessus des autres par droit d'hé-

ritage, implicitement supérieurs aux roturiers, un reste
de la féodalité, un débris des vieux régimes : c'est avec
cela qu'on vous ferait un sénat. Est-ce possible? Est-ce
qu'il doit y avoir, aujourd'hui, d'autre aristocratie que
celle de l'âme, d'autre privilège que celui du génie,
d'autre noblesse que celle du cœur? Que ces paons
orgueilleux se pavanent dans le domaine privé, admet-
tons-le. Qu'ils aient le droit de concourir pour servir leur
pays comme simples citoyens, passe encore. Mais en
faire un corps politique à part, favorisé, dominateur,
c'est absurde. Le temps de ces choses est passé, il s'en
va, comme la royauté, comme la papauté, comme tout ce
qui est faux, mauvais, condamné. Dans quelques années, peut-être, il n'y aura plus de chambre des lords
en Angleterre ; ce n'est pas la peine d'en fonder une
dans votre pays.

Les institutions anglaises, tant vantées, ne sont, en
définitive, qu'un tissu d'inconséquences où le privilège
et le droit se heurtent à chaque pas. Là, une minorité
noble tient en échec une majorité populaire ; là, une
aristocratie élective doit compter avec une aristocratie
héréditaire, en sorte que ce qui n'est qu'arbitraire dit à
ce qui est légitime : je suis autant que toi. L'Angleterre,
sorte de demi-république, s'appelle royaume, grâce à
l'intronisation d'un personnage qui s'appelle *reine* aujourd'hui, qui s'appellera *roi* demain, qui ne possède au-
cune autorité réelle dans la gestion des affaires publi-
ques, qui ne doit pas gouverner, qui n'est là que pour
la forme, et qui coûte, chaque année, bon nombre de
millions au pays. Vous m'accorderez que, indépendam-
ment de toutes les autres contradictions, voilà pour
l'Angleterre une dépense au moins bien inutile.

Enfin, je rappellerai à ces rénégats du droit divin
ce que je vous disais à l'égard des obligations que vous
impose, selon moi, le changement qui s'est opéré dans

l'état politique de l'Allemagne. Mais c'en est déjà trop pour ceux qui veulent se rendre à L'évidence, et, quant aux autres, il est superflu de discuter avec eux.

Laissez aller! On aura beau dire et beau faire : la force des choses est là, irrésistible, inflexible et marchant son chemin. Les peuples vont à la liberté comme les fleuves à la mer : c'est la loi suprême. Un peu plus tôt un peu plus tard, qu'importe ? un siècle est une minute dans la vie de l'humanité. Tout ce qui émane de la vérité, de la justice, du droit est impérissable, et le principe républicain émane de ces choses là, c'est pourquoi la république est l'avenir de la terre.

La France, travaillée par les révolutions, est mûre pour cette révolution dernière. Toute la difficulté pour elle a été, jusqu'à présent, de sortir d'un cercle vicieux. Il lui aurait fallu pendant un quart de siècle un gouvernement qui lui donnât l'instruction et la liberté, par conséquent le jugement et la force : c'est à dire, qui fît d'elle ce qu'elle devrait auparavant être pour avoir un semblable gouvernement. Si Napoléon III, qui comprenait cela, avait consacré les vingt ans de son règne à cette œuvre, s'il avait préparé votre pays à la république, s'il l'y avait graduellement amené et si, au moment propice, il vous avait dit : maintenant vous n'avez plus besoin de monarque, je me retire; conduisez vous tout seuls, vous le pouvez ; il aurait effacé son exécrable attentat de décembre, et l'ambitieux parjure fût devenu un des bienfaiteurs de l'humanité. Mais admettre que de telles pensées puissent germer dans la tête d'un prince, est probablement une grande naïveté, car cela ne s'est jamais vu dans l'histoire et ne se verra sans doute jamais. Il faut que les peuples prennent leur liberté eux-mêmes.

— Ah ça! fit le Français, avec une grosse malice, est-ce que vous seriez bonapartiste par hasard ?

— Qu'est-ce-qui vous fait dire cela ? demanda le Vaudois avec son flegme ordinaire.

— Dame !... Je ne sais pas.. vous avez l'air de croire que l'empereur...

— Je crois que Napoléon III était devenu, dans la seconde partie de son exercice, un homme pratique, à idées aussi avancées qu'on en peut avoir sur un trône, et, à mon avis, le prince le plus philosophe que vous ayez encore eu; ce qui ne m'empêche pas de flétrir l'auteur du coup d'Etat et de détester le monarque. Au surplus, il est fort possible que cette première appréciation de ma part soit sujette à caution, attendu que mon père était un admirateur de Napoléon 1er et qu'il n'y aurait rien d'extraordinaire à ce que j'aie gagné, sans m'en apercevoir, quelques bribes de ce sentiment irréfléchi, partant stupide. On ne saurait trop se défier de soi quand la raison n'est pas consultée, et, si je me trompe pour n'avoir pas suivi cette maxime, puisse mon exemple vous servir de leçon!

Quoi qu'il en soit, je souhaite à la France une chose, c'est que vous soyez tous des bonapartistes comme moi. Je vous garantis, alors, que la terre cessera de tourner autour du soleil, quand vous verrez dans votre pays refleurir l'empire.

La causerie en resta là. Forcé d'abréger, nous avons supprimé quelques digressions plus amusantes qu'utiles, entr'autres, un dialogue qui s'était établi entre le Suisse et un Monsieur décoré à toutes les boutonnières, dialogue qui avait duré jusqu'à Mouchard où le dit Monsieur était descendu.

Deux des voyageurs ronflaient, celui à la casquette s'était enveloppé de son plaid et commençait à s'abandonner à Morphée. Le Vaudois et le Français se disposèrent à en faire autant, et bientôt tout dormit dans le compartiment. On n'y entendit plus que les cahots du wagon et les formidables soupirs de la locomotive.

A Auxonne, le Français, avant de prendre congé de son compagnon, voulut formellement lui offrir quelque chose. Puis, au moment de le quitter, il lui serra franchement et cordialement la main en lui disant :

— Je vous remercie, Monsieur, de l'agréable distraction que vous m'avez procurée pendant tout ce trajet. Vrai, le temps a passé comme une ombre. Si jamais nous nous retrouvons, ce qui peut arriver, je tiens à ce que nous dinions ensemble. En attendant, espérons que les choses, en France, iront pour le mieux, que la république s'y fixera et que cela fera, comme vous dites, baisser les denrées, car en ce moment, voyez-vous, tout est diablement cher.

Un peu plus d'une heure après, on entrait à Dijon, où il y avait un temps d'arrêt considérable.

Le voyageur à la casquette, qui, jusqu'alors s'était tenu sur la réserve, changea tout-à-coup d'attitude et proposa au Suisse de le conduire en ville pour souper dans un établissement de sa connaissance. Le Suisse accepta.

— Eh bien, Monsieur, demanda le premier, tout en cheminant, êtes-vous parvenu à faire un néophyte?

Le Vaudois comprit qu'il s'agissait de l'homme au gilet de velours et répondit :

— Pour savoir cela, il faudrait connaître davantage le sujet et le voir désormais à l'œuvre.

L'autre fit entendre ce petit bruit sec produit avec la langue et qui exprime si bien l'incrédulité.

— Pardonnez-moi d'en douter, continua-t-il ; et cependant, vous y avez mis une constance digne d'un meilleur salaire : il est toujours regrettable de prêcher dans le désert.

— Dans notre carrière, nous sommes souvent exposés à cela, répliqua le Suisse; mais nous ne nous en décourageons pas.

— Ha!... Vous êtes ministre, peut-être?

— Non, Monsieur, je ne suis que régent.

— Régent?

— Maître d'école, si vous préférez.

— A Lausanne?

— Non. Dans un village voisin.

Il y eut un court silence et l'autre reprit:

— Si je ne me trompe, les instituteurs sont assez bien payés en Suisse.

— C'est selon... huit-cents, mille, douze, quinze cents francs.

— Et vous ne gagnez pas davantage?

— Moi? J'ai douze cents francs et le logement.

Le voyageur à la casquette leva les yeux vers son interlocuteur, puis ramena, d'un air pensif, son regard à terre.

Ce fut le Vaudois qui parla le premier.

— Pourquoi donc, demanda-t-il, paraissez-vous avoir mauvaise opinion de mon homme de tout-à-l'heure?

— N'anticipons pas: je crois que vous n'avez en rien modifié ses idées, voilà tout.

— Soit, mais encore...

— Et je vous parie ce que vous voudrez que si, demain, à propos de n'importe quoi et pour n'importe qui, on demandait à la France la sanction, par un plébiscite, d'une institution monarchique quelconque, votre homme répondrait, *oui*, sans balancer.

— D'où vous vient une si étrange certitude.

— Tout simplement de ce que je connais un peu (je le suppose, du moins) mes chers compatriotes.

— Mâtin! vous n'avez pas l'air d'en penser beaucoup de bien, et l'on pourrait douter que vous soyez un véritable et bon Français.

— Ah ! fit l'autre, d'un ton moitié hautain et moitié blessé, je prétends cependant avoir droit à ce titre.

— Enfin, vous établissez une distinction, j'imagine, et vous ne jugez pas tous vos compatriotes sur le spécimen en question ?

— Non !... Oh non ! répliqua l'autre avec un accent grave et profond et en posant sa main sur le bras du Suisse. Il y a encore chez nous, Dieu merci ! des natures d'élite, des cœurs nobles et des âmes fermes, des hommes qui élèveraient notre race au dessus de toutes les autres et en feraient l'orgueil de l'humanité, s'ils étaient en nombre Malheureusement c'est la minorité.

— Et la majorité ?

— La majorité est, à mes yeux, un assemblage hétérogène dont notre échantillon d'aujourd'hui, ou plutôt d'hier, représente une fraction, un amalgame sur lequel vous avez des illusions généreuses et qui, s'il ne devient minorité, finira de perdre la France.

— Je serais curieux de vous entendre développer cette thèse.

— Dame !... Si cela peut vous être agréable...

— Ça m'intéresserait.

— Il suffit. Je consens volontiers à satisfaire votre curiosité et à vous dire sincèrement tout ce que je pense de nos Welches modernes.

Et comme le Suisse prenait l'allure de quelqu'un qui croit entrer immédiatement en matière, il ajouta :

— Mais en voiture bien entendu, et surtout après mon somme, car je ne sacrifie jamais cette chose-là. Vous allez à Paris, moi aussi ; nous avons donc du temps de reste.

Il tint parole. Lorsque le jour fut complètement venu et que l'on eut dépassé Tonnerre, le voyageur à la casquette, qui avait dormi tranquillement depuis Dijon, peigna sa barbe, arrangea ses vêtements, rajusta sa cravate, but à même une petite gourde recouverte de cuir et commença en ces termes :

Pour paraître prochainement :

Critique en chemin de fer. De Dijon à Paris.

—

Sous presse, du même auteur :

Frédérick-Lemaitre.

Imp. H. Damelet, à Lons-le-Saunier (Jura).